प्रयाग शुक्ल

पचास कविताएँ

नयी सदी के लिए चयन

वाणी प्रकाशन

वाणी प्रकाशन

'लोगो' वाणी प्रकाशन : मक़बूल फ़िदा हुसेन

वाणी प्रकाशन, 4695, 21-ए, दरियागंज, नयी दिल्ली-110002

वाणी प्रकाशन, अशोक राजपथ (पटना कॉलेज के सामने), पटना (बिहार)

PACHAS KAVITAYEN
NAI SADI KE LIYE CHAYAN

by Prayag Shukla

Poetry

ISBN : 978-93-5072-217-6

प्रथम संस्करण 2012

मूल्य : 65/-

वाणी प्रकाशन

फोन : 0091#11#23273167, फोन व फैक्स 23275710
वेबसाइट : www.vaniprakashan.in
ई-मेल : vaniprakashan@gmail.com

ओम ऑफ़सेट द्वारा दिल्ली-110093 में मुद्रित

क्रम

होटल के कमरे में रात को

कौन है जो भगाए ले जा रहा है
मोटर साइकिल रात को
सड़कों पर
सोया है शहर जब।

क्या है भगोड़ा वह
या फिर गया था वह छोड़ने या
लेने को किसी को स्टेशन!
या कि फिर रहा है लौट
किसी पार्टी से?
क्या वह रहा है जा तार घर?
या कि डाकू-उचक्का है?

कौन है जो भगाए ले जा रहा
है मोटर साइकिल?
क्या उसके पीछे है बैठी हुई
प्रेमिका उसकी
चाँद तक चली जाती?

घर पर कोई बीमार है?

या कि वह पुलिस में है?

या कि वह रहा है लौट
देख कर सिनेमा?

चीरता हुआ रात को,
कौन है?
हत्यारा?
क्या है पसन्द उसे
गाँठना सवारी भर–
घूमना रात को?

कौन है
एक बजे,
दो बजे
रात को

नींद फुटपाथों की
तोड़ता!
कुत्तों को भूँकता
छोड़ता!

कौन है जो भगाए ले
जा रहा है
मोटर साइकिल रात को?

डॉक्टर, कवि–
किसकी आवाज़ यह, सवारी पर,

सुन पड़ती होटल के
कमरे से!

कौन है?

व्यंजन पकाने की विधियाँ

रघुवीर सहाय की स्मृति को समर्पित

व्यंजन पकाने की विधियाँ कई हैं।
व्यंजन भी कई हैं।
स्वाद भी कई हैं ढेरों व्यंजनों के।
पर, व्यंजन, विधियों को
चकमा दे,
कब कैसे स्वाद को मधुर-तिक्त
करते हैं,
यही चमत्कार है।
चाहें तो हम इसे रहस्य भी कह लें।

हाथों का जस—
वह तो होता है।
उससे भी बड़ी चीज़ लेकिन
वह मन है, जो व्यंजन
पकाता है।
वह अदृश्य रहता है।
स्वाद जो आता है जीभ पर
जान वह कैसे
पर लेता है—

किस मन से व्यंजन पकाया गया

सामग्री—वह तो होनी होगी।
सामग्री बिन व्यंजन, यह तो
सुना नहीं।
हाँ, वह भी कैसे जुटाई गयी,
यह महत्त्वपूर्ण है।

अन्त तब यही होगा
स्वाद का—
कैसे जुटाए गये
सामग्री मन व्यंजन विधियाँ।

जितनी देर में ऊपर से गुज़रता है एक हवाई जहाज़

जितनी देर में ऊपर से गुज़रता
है हवाई जहाज़ उतनी देर में
कुछ चींटियाँ चींटी चाल से
बढ़ लेती हैं एक पेड़ के गिर्द
उतनी देर में कपड़े सुखाती
एक औरत तार पर टाँग देती
है दो कपड़े,
उतनी देर में डाकिया डाल
देता है एक घर की चिट्ठियाँ।
खेत में खड़े किसान का फावड़ा
आ रहता है ज़मीन पर।
उतनी देर में भर लेता है
एक बछड़ा दो कुलाँचें।
उतनी देर में एक औरत लगा
लेती है तालाब में एक और डुबकी–
कभी-कभी उतनी-सी देर में
एक लड़की के हिस्से में आ रहता
एक और दुख या कि सुख–

अगर हुआ जहाज़ बमवर्षक तो
इससे भी कितनी कम देर में
तहस-नहस हो जाते
ये सारे दृश्य।

रात दस बजे टहलते हुए दम्पति

चन्द्रमा निकल आया है सरका कर
बादलों के टुकड़े,
और वे चले आ रहे हैं बतियाते।
इस गली से उस सड़क को
आते-जाते,
दिन के कुछ हाल-चाल, कुछ सवाल,
अपने आप सिर उठाते—

हवा अच्छी है आज,
काम-काज निपटाकर दिन के
वे चलते हुए मानो सुस्ताते!

लहरा देती हैं पत्तियाँ उनकी
हर बात।
प्रफुल्लित है आँखों में रात।

वह ट्राफिक, वे बत्तियाँ लाल।
वे बीते हुए दिन माह साल।
वह खीझ, वह थकान—
वह घर लौटने की जल्दी

वह नमक तेल हल्दी
कर चुके हैं पार–
चल रहा है इस वक़्त
उनके साथ कुछ हल्का होकर
उनका संसार!

लिये हुए अपनी आवाज़
गुज़र जाता है एक हवाई जहाज़!
घरघराता है कहीं दूर 'हाईवे'।

झुकी हुई डालें, कुछ लताएँ,
कुछ छतें, मुँडेरें, रेलिंगें,
कुछ पौधे,
झुके-से आ रहे हैं उनकी ओर।
धीरे-धीरे और शान्त हो रहे हैं
घर-मकान!

(उठती-सी लगती है एक प्रार्थना–
अः इन पैरों को मिले कम अज़ कम,
ऐसी उड़ान!)

वे देखते हैं चन्द्रमा कनखियों से,
(हाथों में डाले हुए हाथ)
देखती है उन्हें उसकी मुस्कान!
पीछे से आती है
भागती हुई हवा
कन्धों का करती हुई स्पर्श!
चलती है साथ!

*चन्द्रभागा में सूर्योदय

सागर तट भर जाता,
स्त्रियाँ, लड़कियाँ, बच्चे, बूढ़े, युवा,
स्वागत में सूर्य के
बाँध कर टकटकी
दूर क्षितिज रेखा पर,
लहरों के पार वहाँ,
देखते,
उत्फुल्ल भोर में।

वह उगा
वह उठा
पानी के भीतर से,
धरती के भीतर से
गोल सूर्य
अरुणाभ!
धीरे

---

* कोणार्क से कुछ ही दूरी पर, सूखी हुई चन्द्रभागा नदी के पास का जो सागर तट है वहाँ प्रतिदिन अद्भुत सूर्योदय देखने के लिए दूर-पास से बहुतेरे लोग पहुँचते हैं।

धीरे
धीरे,
ऊपर को
ऊपर को
और अधिक
और अधिक।
उग आया।

हुलू ध्वनि।

फेनिल चंचल लहरें,
हहरातीं लहरातीं
टकरातीं
नील मग्न तट पर!

सूर्य उगा,
सूर्याकार!!
अद्भुत
सुन्दर
सतेज!

आभार
आभार
आभार!

खाने की विधियाँ

खाने की विधियाँ भी कई हैं—
मेज के इर्द-गिर्द
चम्मच, प्लेट, काँटे और छुरियाँ हों
या फिर हों थाली, कटोरे, पत्तल
बैठकर फर्श पर
खाने को।
कभी-कभी कागज अखबारी भी
विधियों में शामिल हो जाता है।

पर ये तो चीजें हैं ऊपरी।

देर तक खाएँ,
चबाकर अच्छी तरह—
एक विधि यह है।
एक विधि यह है कि जल्दी निबटाएँ
और भोजन को मानें एक काम ही।

एक विधि यह भी कि
साथ ही करें भोजन।
एक विधि यह है कि खा लें

जब लगे भूख।
एक विधि यह है कि भोजन का
समय एक निश्चित हो।

फिर सबकी अपनी भी–
आदतें होती हैं,
उन्हें भी विधियाँ ही
मान ले सकते हैं।

एक विधि यह भी कि
बच्चों के मुँह कौर
दादी, बुआ, मौसी, माँ
देती हैं। इसमें दुलार,
मनुहार भी
शामिल है।

एक विधि यह भी कि कोई परोसे
और खाएँ हम।

इन सारी विधियों में लेकिन वह
विधि ही कुछ अलग है–
पेट में अन्न जब देर बाद
पड़ता है,
और जब खाता है कोई
बस ठूँस कर
जैसा जो मिल जाय–

विधियों के आगे वह
एक प्रश्नचिह्न है।

रात को दिन को

वे जो परछाइयाँ बनती हैं रात को
दिन को
वे जो चिड़ियाँ उड़ती हैं रात को
दिन को
वे जो लहरें उठती हैं रात को
दिन को
वे जो पत्त गिरते हैं रात को
दिन को
वे जो झरने बहते हैं रात को
दिन को
वे जो बूँदें गिरती हैं
रात को दिन को
वह जो बिजली चमकती है
रात को दिन को
वह जो उठती है महक
फूलों की, रात को दिन को–

उनके साथ-साथ
उनके पीछे-पीछे
उनके आमने-सामने,

कब से हैं,
हैं,
कब से
हम!

पाते
खोजते
खो देते
पाते
एक-दूसरे को
हम-तुम!!

एक छोटा स्टेशन

कुछ फूलों की महक थी
और फूल।
बच्चे बेच रहे थे बेर
दोनों में।
एक गहरी नीली फटी साड़ी पहने
बूढ़ी स्त्री एक,
भाग रही थी ट्रेन छूटने
की घबराहट में।

पीछे बहुत खुला आकाश था
और शुरू होते थे खेत।

भीड़ थी
और कोई चेहरा पहचाना न था।
लेकिन सब थे पहचाने
हुए लोग।

पीली पगड़ी बाँधे
एक अधेड़ बैठा था
पत्नी, कुछ बच्चे—
दूसरी गाड़ी के इन्तजार में।

खोई हुई चीज़

वह खोई हुई चीज़ नहीं मिलती
दिनों तक कितनी ही चीज़ों में उसकी
झलक आती है अँधेरे में हम उससे मिलती जुलती
चीज़ को उठा कर तौलने भी लगते हैं।
घर में रास्ते में बरसों बाद भी कौंध जाती
है वह खोई हुई चीज़। और जब चीज़ों के
खोने के बारे में बातें होती हैं,
वही याद आती है सबसे अधिक।

चिड़िया : एक शृंखला

एक

वह आसमान से उतरती है
आसमान की ओर जाती हुई।
उसके पर और पैर हैं,
और कँप जाती है उससे डाली।
वह—वह जो एक
नन्ही-सी चिड़िया है
कई रंगों-रूपों वाली।

दो

वह छिप जाती है अक्सर पत्तों में
बस दिखती है उसकी पूँछ या चोंच,
कभी-कभी वह भी नहीं।
वहीं से बोलती है अपनी आवाज़ में
जाने क्या सोच!

तीन

कितनी अलग है
हर चिड़िया की आवाज़।

कितनी उसकी अपनी।
हो रहती सबकी।

चार

वह जाग जाती है मुँह अँधेरे।
उसे पसन्द हैं ऐसी जगहें
जहाँ टिक जाएँ पैर
टहनी, तार, बेशुमार खेत
खिड़कियाँ, रस्सियाँ, मुँडेरें, रेत!
पल-छिन, बिताकर दिन।
हो जाती ओझल।

पाँच

कुछ चिड़ियाँ हैं जल की
चली जातीं तैरती।
बनाकर अपनी ही नाव
उतरतीं
पानी में। रहतीं बहती।

छह

देखो तो घोंसले उनके,
हौसले।
तृण-तृण जुटाती बुनती
चली जाती घर
घास फूस।
माघ पूस
कातिक क्वांर
जाते हैं बीतते।

दाने उठाए वे चोंच में
भागी चली आतीं।

सात

फूल जाती हैं गर्दनें उनकी
कभी ठंड से
प्यास से।
डरी हुई साँस से।
अगले क्षण–
जाने पुकार वह कौन-सी
उन्हें फिर उड़ाए लिये जाती।

आठ

वे हैं तो वृक्ष
वृक्ष हैं
फूल फूल हैं
पत्तियाँ पत्तियाँ हैं
फल फल हैं।
वे ही हैं उनकी वाणी
कल्याणी।

नौ

नरम-नरम घास पर
उनकी चाल से,
और अधिक क्या है,
ध्वनिहीन कोमल,
भला!

दस

उनकी उड़ान से
कुछ और ही दिखता है
आसमान!
और ही दिखते हैं रंग
सुबह-शाम के।
बादल हवा घर मकान
उन्हें ही जोहते
लगाए रहते हैं कान।

बिनसर के एक प्रकृति-पथ पर

वृक्ष छायादार उनसे
छन रही हैं रश्मियाँ।
झर रही हैं बिछे पत्तों पर
अधीरा टहनियाँ!

यहाँ ये एकत्र होतीं
जा रही हैं छाँह में,
बनातीं ये रूपक्रम, सौ-सौ,
अदेखी राह में।

कभी कोई गया—आया हो
यहाँ तो हो,
अन्यथा चुप एक निर्जन की कथा
ही तो रही है सो!

यह विरल एकान्त, चुप से
झाड़ औ' झंखाड़,
ऊँघते उन्मन खड़े हैं
एक ओर पहाड़।

मिले ये जो क्षण विलक्षण,
गहन कुछ–कुछ धीर–
यहाँ तरुवर-तीर!
भेंटता है अंक में ले, इन्हें सुहृद समीर!

एक होटल के आँगन का आम्र वृक्ष

वह खड़ा चुपचाप
हो रही वर्षा
बड़ी घनघोर
झर रही हैं पत्तियों से
लड़ी बूँदों की
उसे झकझोर
जड़ें हैं उभरी हुई कुछ
रहीं वे भी भीग।
है हवा का शोर।

पूर्ण करता वह अकेला
सुखद वर्षा-चित्र।

मित्र है वह, दो दिनों से
साथ
अँधेरा हो रात का
या सुबह की किरणें,
सदा प्रस्तुत
दस कदम पर
जब बढ़ाऊँ हाथ उसे छू लूँ

प्रथम तल से
लूँ उसे मैं हेर।

बहुत ऊँचा वह।
कक्ष से जो रास्ता
खुलता
और जाता वह खुली छत पर,
वहाँ भी मिलती सहज ही
मुझे उसकी छाँह।

हो चुकी वर्षा
तो चलूँ अब मैं उसे मिल लूँ
भीगकर वह कुछ खिला-सा,
तने की सीझी पपड़ियाँ,
वह हरा है पत्तियों में,
मुझे देता है दिलासा।

चित्त को आनन्द से भरता
हैं कई आकार, जैसे कोटरों के,
डालियों के टहनियों के
अनगिनत ही रूप,
घर कुछ चींटियों के।
है घना उसका वृहद संसार।

जब विदा लूँगा
वह मुझे लेगा निहार
मैं उसे लूँगा निहार।

रूपार्थ

एक दिन दिखने लगती है
अपनी ही देह,
कुछ ज्यादा साफ-साफ,
जाती हुई किसी न किसी दिन
होती विलीन।'

मोह नहीं
अचरज हो आता है!
आँख-कान-नाक-हाथ
जो थे साथ
वर्षों तक,
उनके कुछ बदले हुए क्रिया-कलाप
ठिठका देते थोड़ी देर तक।
मुँह पर पानी के छींटे
ठहरे रह जाते हैं,
आईना धुँधला कुछ
जैसे किसी भाप से,
रह जाता सन्न-सा!
थोड़ी देर—
छवियाँ गुजरतीं कुछ

औचक सी, भूली हुईं—
जातीं, फिर वापस
आ जाती हैं—
खेल यह होता है
बार-बार!

हर बार जो भी हो दृश्य
ऐन सामने,
अर्थ नये उसके कुछ
खुलते हुए लगते हैं,
रूप भी!

जल

हर क्षण साथ हैं
रश्मियाँ सूर्य-चन्द्र की
हर क्षण आकाश!
हवा, हर क्षण।
धरती भी, पैरों के नीचे!

जल—
वही नहीं है साथ हर क्षण।
कहीं तल-अतल में है
दूर, नदी-समुद्र-बादल-ताल में,
उसे लाना ढोना उगाहना उलीचना
पड़ता है—

हाँ, वह खींचता है
अपनी ओर हर क्षण।
वही सींचता।
जल!!

अगली सुबह की प्रतीक्षा

एक

करते हैं हम उसकी प्रतीक्षा,
करने को अधूरे पड़े काम।
कुछ नये शुरू करने को।
गलतियाँ सुधारने को।
करने को पूरे कुछ वायदे।
जोड़ने को फटे हुए पन्ने।
नये उजास में सुनने को चिड़ियों की
बोली।
जानने को खबर किसी हमजोली की।
उत्सुक हो करते प्रतीक्षा।
कब टूटे नींद किसी शिशु की,
देखें हम नयी सुबह
उसके भी चेहरे के साथ।
वह कुनमुनाए कुछ,
ताके हमारी ओर,
फिर दे बढ़ा अपना हाथ।

दो

वहाँ धन है जीवन का अकूत।

अपने होने का सबूत।
स्मृतियाँ हैं आतुर जोड़ने को
अपने में नये पल,
लहरियाँ हैं नयी जल में,
एक नयी हलचल में
छवियाँ हैं अनगिनत।
नये बोल हैं, नये सुर,
पाँवों में नयी थिरकन
नये पंख,
अनछुआ, अनदेखा जीवन॥

प्रार्थना

कुँवरनारायण की कुछ कविता पंक्तियों की गूँज के साथ

मौसम साफ़ सुन्दर
सराहनीय रहे,
अच्छी हवा बहे,
कोई मुझसे जो कुछ कहे
मधुर शब्दों में कहे।

कहीं कोई झगड़ा न हो
कोई अगड़ा-पिछड़ा न हो।
मेरे कानों में पड़ती रहे
बोली चिड़ियों की
फूलों की सुगन्ध भी
उड़ती रहे—जहाँ-तहाँ
मुझे मिले।

बादलों के टुकड़े हों
आकाश के फलक पर
रंग बिखरे हों।
सड़कों पर धुआँ न हो।
कोई बच्ची मुझसे कहे,

'सुनिए, यह रहा
आपका काग़ज, गिर गया था
आपकी जेब से।'
कोई मुझसे कोई पता पूछे
और मैं भी पता पूछूँ
किसी से, कहीं का।
पहुँच जाएँ दोनों ही
अपने अपने
पते-ठिकाने पर।
रात हो और वह भी भर रही
हो मन में गहरी शान्ति।

क्या ही अच्छा हो
दिन में मिले कोई
नदी-झील,
और जब सोने जाऊँ
जिस भी जगह,
घर में, यात्रा में,
वहाँ दीखते तारे हों
चमकते हुए,
थोड़े ही सही
न बहुत सारे हों।

ज़रूरतमन्द जो ढूँढ़ने
निकला हो
कोई काम,
वह उसे मिल जाय।
जिस बच्चे को उठाऊँ गोद में,

वह मुझसे हिल जाय।

कोई टिटहरी हो,
कोई मोर हो।
नींद अच्छी हो,
और फिर भोर हो।

वजन करने की विधियाँ

एक तरफ पलड़े में वस्तु हो
दूजे में बाँट
या फिर हो ढेरी बराबर की।
पलड़ों से अलग भी
ढेर दो बराबर के
प्रचलन में रहे हैं।

अब तो मशीनें भी
कई प्रकार की—
वजन तोल देती हैं,
तन-धन तुलाओं पर
जब चाहे तोल लो।
अनुभव से लोग कुछ
वजन किसी वस्तु का
यों भी बता देते।
विधियाँ कुछ ये भी कि
तोले बिना ही
मोल पता चल जाता—
खेत, पेड़ और बाग

इसी तरह बिकते हैं।
विधियाँ अब पवन और
पानी का
वजन बता देती हैं,
इतनी उन्नत हुईं।
दरअसल इन विधियों को इतना
सम्मान मिला
न्याय का प्रतीक ही
तुला बना दी गयी।
लेकिन इन विधियों के बावजूद
वजन कई चीजों का
अब तक असम्भव है।

इसीलिए तुल कर भी,
कुछ है जो तुलने से
बाहर रह जाता है,
देखें तो बार-बार
रचना का विषय और कारण भी
यही तथ्य बनता है।

समय है कि

'अज्ञेय' के छन्दों में अपनी एक मनःस्थिति–'सदानीरा'–1 पढ़ने के बाद।

समय है कि रूठा ही रहता है,
वह भी रूठी ही रहती है
जो आशा-प्रिया है!

ज़रूर ही जितना पाया है, उससे कम दिया है!!
पर, क्या यह भी कुछ कम है कि
काल-क्रम के सहारे ही नहीं जिया है!
आगे भी गया हूँ, पीछे भी,
कभी बीच मझधार में भी रहा हूँ–
कभी-कभी बहुत-बहुत दूर
उस हितू क्षण से–
जो दिखा, पर, अनदेखा ही किया
जिसे!

हाँ, जिया है, जिया है,
हर हाल में जिया है!

रात का पेड़

रात के पेड़ के पास जुगनू दमकते हैं
तारे चमकते हैं
रात के पेड़ के पास अधसोया रहता
है अँधेरा
बचपन।
रात के पेड़ के पास
टूटी नींद का घड़ा है
रात के पेड़ के पास है थकान
आसमान।
रात के पेड़ के पास एक गठरी है
भूली हुई।
रात के पेड़ के पास निशान हैं
पहचानने को दिन को।

झूला झूलने की विधियाँ

एक पैर धरती पर टेक कर
हिलाएँ हम झूले को,
विधि एक यह है।
मन्द-मन्द झूलें औ' भूलें
कि झूल रहे।
परिचित, पुरानी विधि यह भी कि
डाल से बँधा झूला
पेंगों से भर जाए
लहराए।
वैसे ही जैसे कि लहरें
उछलती हैं।

कभी-कभी कोई किशोरी
अल्हड़ युवती,
झूले पर हो सवार
केशों को छितराती
ऊँची से ऊँची
पेंग भरती है—
कभी बहुत हौले से
झूला उठाती है।

कभी-कभी—
पीछे से बार-बार
झूले में गति कोई भर देता।

डोरियाँ अदृश्य हो जाती हैं।

कभी-कभी
एक नहीं, दो सवार
झूले को चंचल बनाते हैं।

झूले की एक लय
कायम की जाती है
कभी-कभी।

एक वह हिंडोला जो
बच्चों का—
उसकी विधि लोरी-सी गाती है।

ऊपर के आसमान
नीचे की पृथ्वी
को हिला-मिला
झूले की विधियाँ सब
बरबस मुस्कराती हैं।

कोई पड़ा था पीछे

हम सोना चाहते थे
अपनी गुड़ी-मुड़ी नींद
थक कर, जमीन पर—
कोई पड़ा था उस नींद
के पीछे।

हम खाना चाहते थे
अपना रूखा खाना
स्वाद से,
कोई पड़ा था उस
खाने के पीछे।

लगी थी प्यास
हम पीना चाहते थे
पानी अपना
ओक से,
कोई पड़ा था
उस पानी के पीछे।

हमने खाना खाया

सोए गुड़ी-मुड़ी नींद
पानी पीया–

भागे नहीं।

हैं, जहाँ भी हैं,
हैं!!

माथा

किसी ने पढ़ीं
भाग्य रेखाएँ।
किसी ने कहा
चौड़ा है माथा,
किसी ने कहा
सुन्दर है चेहरा
माथे की वजह से।

चुम्बन पड़े माथे पर।

माँ ने, पत्नी ने, बेटी ने
सहलाया, दबाया माथा
कई बार। पट्टियाँ रखीं ठंडी
बुखार में।

पर, किसी ने साधा
निशाना माथे पर।

फिर भी उठ खड़ा हुआ
बार-बार माथा।

हाथों से पानी भरने की विधियाँ

'छप्प' या 'गुडुप' की आवाज़ हो
कुएँ में–
ऊपर को उठती चली आती
हो बाल्टी, डोर से बँधी हुई,
एक विधि यह है।

एक विधि यह है कि
लहराकर पानी में गागर को,
ताल या नदी के,
हौले से कोई डुबो दे,
फिर खींच उसे हाथों से
माथे पर धर ले
या कमर पर टिका ले–

या फिर हो धार वह
पहाड़ की,
अड़ा उसमें बर्तन हम
पानी समो लें।

सम्भव है पानी हम

सूखे-से ताल से,
अँजुरी-अँजुरी करके
किसी एक बर्तन में भर लें।

पानी को भरने की
और कई विधियाँ हैं।
मसलन जब
रेती में उँगलियाँ, मुट्ठियाँ
धँसाते, फिर बालू हटाते
हम पानी तक जाते—

तो विधि एक वह है।

या फिर जब
चलती हुई नाव से
डुबाकर हम पानी में
पात्र को ऊपर ले आते।

खास बात यह है कि
हाथों से पानी को भरने की
जितनी भी विधियाँ हैं,
उनका विधिवत होना
निर्भर है इस पर कि
पानी से भर जाय पात्र,
पर, छलकता न रह जाय।

साइकिल चलाती हुई लड़की

देखता हूँ खिड़की से
साइकिल चलाती है लड़की
साइकिल दुपहिया चलाती है
साइकिल एक लड़की–
हिलते हैं पेड़ सड़क पार के
जाता है वायुयान–
ठहरे हुए, घिरे हुए
बादल इकट्ठा हैं–
जाती है भागी गिलहरी वहाँ घास पर

लड़की चलाती है साइकिल–
लौट लौट आती उसी रस्ते पर
दुपहिया चलाती है लड़की।

उड़ता है कौवा एक,
जाता बैठ डाल पर–

आते जाते हैं लोग,
आते-जाते।
कुर्सी एक टूटी हुई

पड़ी है बरामदे में—
दूर वहाँ
दौड़ रही हवा
फिर लगाती है दौड़।

एक पीली चमकती हुई
साइकिल चलाती है लड़की
चलाती है साइकिल दुपहिया।
दुखों से दूर, दूर किसी भी लड़ाई से
दूर—बहुत दूर,

यहीं पास में,
साइकिल चलाती है लड़की
चलाती है साइकिल
एक पीली दुपहिया।

मेघ : एक श्रृंखला

एक

लेते ढक धरती को
बरसते गरजते
          बरसते हैं;
हम जिनकी ख़ातिर कभी
दिनों, कभी माहों,
कभी वर्षों तरसते हैं।
फूल फल मानुष
पशु पक्षी सरोवर सब
उन्हीं को पाकर तो
सचमुच
          सरसते हैं।

दो

घटाएँ घनघोर जब घुमड़ आतीं
अँधियारा-सा दिन में
छाने जब लगता है,
उड़तीं मेघमालाएँ दुहरातीं
तिहरातीं अपने को
सूरज घर अपने जब

जाने-सा लगता है :
पड़ती हैं बूँदों की
            बौछारें
बौछारें
            बौछारें—
सब कुछ को
कर देतीं जल-थल वे।
मेघों के पल वे,
हैं कर लेते
            सब कुछ आच्छन्न—
            धरती का अन्न
            वे!

तीन

नदियों में आ जाती बाढ़।
भीग-भीग वर्षा में
हरियर हो उठते हैं
            कितने पहाड़!
तृण-तरु-फल-फूल
वन में कंद-मूल,
पीपल वट नीम आम
ताड़!
हिला-हिला पत्तों के हाथ,
गाते हैं अद्भुत
एक राग
वर्षा के साथ!

चार

जल में जो ज्वार,
नावों को देता वह
कभी चढ़ा लहरों पर,
कभी वह देता
उतार–
　　　　नावें, पर, जाती नहीं
　　　　हार।

पाँच

मेघों से मिलती है कृषकों की आँख।
सदियों के परिचय की
खुल जाती पाँख।
दामिनी दमकती है।
छाती छप्पर ऊपर
नीचे है चूल्हे की
आग और राख!
　　　　रोटी में भर जाती
　　　　नयी-सी सुगन्ध!

छह

पाहुन हैं बस वे कुछ देर के,
जल्दी है उन्हें कहीं
आगे भी जाने की–
कभी पहुँच जाते हैं
गिनकर वे ठीक-ठाक
सभी तिथि मास
कभी पाहुन अबेर के–

कभी-कभी जाने का
नाम ही नहीं लेते,
कौन कहे, आये हैं
वे कितनी देर के!

सात

फूलते कनेर।
हर सुबह-सबेर।
बिछ जाते धरती पर,
डाल-डाल घेर!
बिछ जातीं नीम की
निंबोलियाँ।
उड़ती हैं चिड़ियों
की बोलियाँ।
रहती हैं पत्तों
में झूल।

आठ

धुल जाता आसमान।
खुल जाता आसमान।
उसमें भर जाती है एक नयी धूप।
मेघों से धुली हुई,
लिये हुए आँच।

नौ

जाते फिर कितने दिन बीत।
सर-सरिता, कुंड-कुम्भ
जाते कुछ रीत!

उठती है फिर वही गुहार।
मोर की पपीहे की
आर्त-सी पुकार।

दस

आते फिर मेघ।
लिये हुए एक नहीं,
कितने सन्देश।
फिर से भटकते हैं
वे देश-देश।
धारण कर कई–
कई वेश!

लकड़हारे

कई थे लकड़हारे। जंगल भी कई थे।
पेड़ भी कई थे। लकड़ियाँ भी कई थीं–
काटते थे जिन्हें लकड़हारे।
सुबह को जाते थे
लौटते थे शाम को,
वहीं सुस्ताते थे,
किसी ताल झरने
का जल पीकर, रोटी या गुड़ जैसा
साथ ले जाते थे। खाते थे।
वस्त्र उनके अक्सर कुछ
फट ही जाते थे।
भेद उन्हें पता थे–कई-कई लक्षण भी
कई-कई तरह के, वे थे पहचानते–
वन के।

आने लगे धीरे-धीरे कहानियों में
लकड़हारे, खोए हुए किसी राजा
या रानी के, वन में, बने थे
सहारे।

देखा था उन्होंने दस्युओं को
छिपकर, देखी थी कहीं किसी
डाल पर बैठकर, दुर्दान्त पशुओं की
दुर्दर्श लड़ाइयाँ, हिरण और हाथियों की
गतियाँ सब, उनको पता थीं।
हाल सब जानते थे चन्द्र और सूर्य
के, जंगल में आने के अर्थ
उन्हें पता थे मेघों के,
गरज-गरज ऊपर लहराने के।
वायु थी मित्र उनकी, खेलती थी
बार-बार लौटकर, साथ वह उन्हीं के,
चंचल चपल होकर, कभी बस
मन्द-मन्द स्मिति से उनको
भरमाकर, कभी-कभी अन्धड़ बन
उनको भी वन में थोड़ा-सा
डराकर—

और वे वायु की तरंगों-से ही
थे मृदुल खरगोश जो,
थे उनको बहुत-बहुत प्यारे।
वे पक्षी भी कई प्रकार के,
कई आवाज़ों के
उड़नहारे, वे भी तो साथी थे
हर लकड़हारे के।
कठफोड़वा तो क्या जानें
किसी पूर्वजन्म में
ख़ुद ही रहा हो लकड़हारा!
बहरहाल अलग-अलग देशों में,

अलग प्रदेशों में, नाम लकड़हारों के
अलग-अलग रहे हैं।
काम, पर, उनका एक ही रहा है–
काटना लकड़ी, और गट्ठर में
बाँधकर ले आना घर को,
फिर जाना बाज़ार।

फिर निकल जाना अगली सुबह
जंगल को!
कभी-कभी बहुत घने वनों में
खोए हैं खुद भी लकड़हारे,
भूले हैं रास्ता, पर, वास्ता
पेशे का उनका, उन्हें गाँव से
जंगल, और जंगल से गाँव
पहुँचाता ही रहा है–
उसी तरह, उसी एक छवि में :
काँधे कुल्हाड़ी, एक गमछा-सा,
पोटली, फटे हुए वस्त्र, कुछ
खिचड़ी-सी दाढ़ी–और केश भी
थोड़े ही रहते थे सिर पर–

जाने क्यों लकड़हारे, सबको बूढ़े
अधेड़ ही दिखे हैं–
देख लें आप ही, किताबों कहानियों
में वर्णन सब, चित्र भी–
यही दिखलाते हैं!
लकड़हारों की लड़कियों, पत्नी और
पुत्रों की भी हैं कथाएँ कई–

इनमें भी दिखते लकड़हारे इसी रूप में।
अब भी हैं लकड़हारे
अब भी हैं वन!
जिनमें कई तो सुरक्षित हैं
अभयारण्य—
घुसना जहाँ उनका तो
सख़्ती से मना है।

जो भी हो, हैं तो, पर, कम हैं
लकड़हारे, और यह भी तो चीन्हना
ही पड़ेगा हमें, हैं भी तो हैं कहाँ,
ग्लोब के कहाँ किस छोर पर!
लकड़हारे!

लेकिन यह तय बिल्कुल तय है,
थे जब लकड़हारे कई-कई, तब थे
आश्वस्त हम वनों के भी
बारे में, पक्षियों-पशुओं को लेकर भी
थे हम निश्चिन्त ही—
शिकारी कभी नहीं बने लकड़हारे!
लकड़ी ही काटते थे वे,
लकड़ियाँ भी सिर्फ़ वही चुनकर
जो सूखी रूखी हों, आने न वाली हों
फिर जिनमें कोंपलें!
बने रहें, बचे रहें
याद में ही लकड़हारे!
आती रहे लौट-लौट
पास में वन-कथा
कथा लकड़हारों की!

जल-धारा

एक

उठती सिहर रोमावली जल की
पवन वेग से।
अदृश्य जल-परियाँ
हो उठतीं अदृश्य और
मिलते ही सूरज की आँच।
चमक उठता वह
कभी-कभी जैसे हो
बिल्कुल काँच।

उतरता कंठ में—
झिलमिलाती उसकी
सुन्दरतम देह,
सद्यस्नाता में।

दिखता वह
घनघोर रातों में।
अँधेरे में। प्रकाश में।
पर, सका है कौन
उसे पूरी तरह बाँच!

दो

जल है तो जीवन है।
वर्षा है जीवन की।
जल है तो रहस्य है।
उत्सुकता।
प्यास। तृप्ति।
तन की मन की।

तीन

वह बहा ले जाता है दिन
मास प्रहर।
लहर लहर।
नदी में समुद्र में।
जल बँधा है किनारों से
पर, कब पाया है ठहर!

चार

कभी अर्राकर आती है उसकी
आवाज़ आँधी-सी,
प्रपातों से।
कभी सुन भी नहीं पड़ती
झीलों-तालाबों में।
चुप रहता घट में।
छल-छल छलकता है पनघट में।
उसमें भरा है मौन।
उसमें भरे हैं स्वर
अजब-गजब।
टूट ही तो पड़ता है

घरों-दीवारों पर
क्रोध में आता है जब।

पाँच

धीरज कोई सीखे तो उससे।
यह भी कि कैसे छोड़ी जाती है छाप।
बस जितनी दूर तक जाता है
धरती को लेता है माप।

छह

मरुथल में
जल।
उसकी स्मृतियाँ।
वहाँ भी है उसका अतल।
और दिख जाना उसका
एक सम्बल–
चलते चले जाने की राह में।
रेत में।
खेत में।

सात

वह टपकता है आकाश से।
रहता है धरती में।
बसता पाताल में।
कहीं भी रहो,
जाओ कहीं भी
उसकी याद आती ही है,
हर हाल में।

आठ

वह फलों में है
वृक्षों में, फूलों में।
फसलों में।
धरती की नमी में।
बबूलों में।

नौ

नहीं है उसका कोई रंग।
कोई गन्ध।
बिल्कुल मौलिक है वह।
कोरा।

आईना!! आईना!!
उसी में प्रतिबिम्बित हैं सब।
चाँद सूरज तारे पहाड़
झाड़ झंखाड़।
पशु चिड़ियाँ जीव
सभी।
पहले भी।
और अभी।

दस

वह उड़ता है, और चला जाता
है दूर।
उड़ते-उड़ते।
देखा है उसे मैंने धरती से बिछुड़ते।
आकाश में घुमड़ते।

बरसते धरती पर
धाराधार—
किसी बनखंडी में
                    सोती-जागती उसकी धार—
देखी है।
वह फैला रहता है
इस पार
उस पार।

ग्यारह

उसमें उतरते हैं पशु।
चिड़ियाँ। लोग। नावें।
कब से कब से
जुड़ी हैं उससे अनन्त यात्राएँ।
कथाएँ।
चलते चले जाते हैं
हम उसके पीछे।
वह हमें लिये जाता है खींचे।

धूप का इतिहास

धूप में आकर बैठ जाते हैं वे दो।
किताब पढ़ने लगती है एक लड़की।
खुल जाती है किसी घर की खिड़की।
इकट्ठा हो जाती हैं
वहाँ कुछ पत्तियाँ झरकर।
आ जातीं चिड़ियाँ चार उड़कर।
मिचमिचाने लगती हैं बूढ़ी आँखें।
गरमाने लगती हैं चिड़ियों की पाँखें।
कहाँ कहाँ होकर
आ जाता
आसमान,
फिर से अपनी जगह।
धीरे से एक नदी आती है वह।
लहलहाने लगती है फसल।
शरणार्थी लाते हैं दूर से भरकर जल।
पक जाता है फल।
आकर सुखा देती है
कपड़े एक स्त्री।
ईंट पर ईंट बिठा देता है
राजमिस्त्री

फहराने लगती हैं झंडियाँ
बजने लगती हैं बैलों के गले की घंटियाँ
उतरती हैं पहाड़ों से बकरियाँ।
धूप में लाठी लिये ठहर जाता है गड़रिया।
खुदाई से निकलकर ऊपर आ जाती
एक मूर्ति।
दर्पण में भर जाती कैसी स्फूर्ति।
साल-दर-साल
लहराते हैं हवा में पाल।
काटते हैं दिन-रात चक्कर।
हो ही जाती है दुपहर,
धूप में आँच भरी
सदियों से सर्दियों में।
अच्छी लगती है उसकी
एक रेख-भी,
जहाँ भी तपा देती है वह जमीन
तिथिहीन।

समय न था

एक चिड़िया उड़ रही थी
आकाश में
उसकी पूरी उड़ान देखने का
समय न था।

फूल हिल रहे थे
कई कई रंगों में
उनके रंग पहचानने का
समय न था।

थोड़ी बदली थी
जो ढँक लेती थी धूप
फिर निकलती धूप को
देखने का
समय न था।

समय न था
कि उतरती सीढ़ियों पर
जल्दी जल्दी न उतरूँ
समय न था।

कम हैं अब ऐसी अकेली सड़कें

कम हैं अब ऐसी
अकेली सड़कें
जिनके पेड़ चुपचाप पत्ते गिराते हों
और जहाँ से गुजरने पर
भय न लगे।
दोपहर को सुनाई दे
किसी बच्चे की कुनमुनाहट।
साड़ियाँ कमीजें और बच्चों
के कपड़े—कभी-कभी गिर
पड़ें तार से घास पर,
बेआवाज।

फिर हवा देर तक उड़ाए
किसी के बाल।

चिट्ठी अक्सर अपनी ही जगह
पड़ी हुई मिले।
और जब एक खिड़की खुले
उसमें से चुपचाप चला आये
कमरे के भीतर आकाश।

प्रेम

बहुत दूर था चन्द्रमा
उसकी आभा थी
पास

एक हाथ था
मेरे हाथ में

धमनियों में बह
रही थी
पृथ्वी।

दुख

दुख प्रसन्न हो
बादल छा रहे हैं।
आया लो एक हरा दृश्य।
चुप न रहो
बोलो
बारी है बोलने की।
भटकते ही न रहो
बैठो कुछ देर यहाँ।
सो जाओ अब
हो चुकी रात।

दुख, न सही घर
धरती-आकाश में

चलते-चलते थोड़ा
सुस्ता लो

सुखी हो

कि भूले नहीं हो
तुम।

दुख उठो
अभी चलना है।

तुम मत घटाना

तुम घटाना मत
अपना प्रेम
तब भी नहीं
जब लोग करने लगें
उनका हिसाब।

ठगा हुआ पाओ
अपने को
अकेला
एक दिन—
तब भी नहीं।

मत घटाना
अपना प्रेम।

बन्द कर देगी तुमसे बोलना
नहीं तो
धरती यह चिड़िया यह घास यह—
मुँह फेर लेगा आसमान।

नहीं, तुम घटाना नहीं
अपना प्रेम।

कहा कुछ भिखारिन ने

लाल से होने को थी
बत्ती हरी—
कहा कुछ भिखारिन ने।
शब्द सुन नहीं पड़े
लेकिन यह साफ लगा
भीख नहीं माँगी थी
और कुछ कहा था—

और कुछ कहा था!

चौंक कर सोचा—
दिन भर भीख ही तो
नहीं माँगती भिखारिनें,
कहती तो होंगी
कुछ और भी,
वही सुन नहीं पड़ा।

वृक्ष : एक शृंखला

एक

वृक्षों की बाँहें हैं
छाँह बन छाई हुई,
राहों में पहाड़ों पर
दूर तक धाई हुई–
जल को छू,
टीले पर
रचती हुई चन्द्रिमा
झिलमिल प्रकाश को।
रातें हैं उनसे
कुछ अधिक गहराई हुई।

दो

खेतों की मेंड़ों में
कहीं पर अकेले भी,
थामे हुए आसमान।
दूर-दूर जाते हुए–
लिये हुए
किसी एक पंछी की
सुन्दर-सुघर उड़ान।

वृक्ष हैं अपनी जगह—
चंचल हवाएँ, पर,
ख़बरें सुदूर की
उन तक धर जाती हैं।
चौकन्ने रहते हैं,
वृक्षों के सदा कान!

तीन

जड़ें बहुत गहरी हैं,
धँसी हुई धरती में।
फैली हैं
कहीं-कहीं दिखती हैं
जैसे हों
नसें, कुछ गुठ्ठल, कुछ तनी हुई,
किसी मजूर की,
किसी किसान की।

चार

वर्षा का जल
उनका सम्बल है।
रखते सँभालकर।
कभी-कभी वर्षा यही
उन्हें फेंक देती है
जड़ से उखाड़कर—
देखो, वे बहे चले जाते हैं।
कहीं डूब जाते हैं,
कहीं उतराते हैं।
लहरें उन्हें फेंक-फेंक देती हैं

कैसे उछालकर!

पाँच

अन्त पर अपना कभी
वृक्ष नहीं मानते :
नाव वह, डोंगी वह,
कैसे बही जाती है।
सीढ़ियाँ काठ की।
मेजें, कुर्सियाँ, पलंग।
पालना बच्चों का।
और वह डोली,
वह पालकी
(भले स्मृतियों की)
हैं वे निशानियाँ
वृक्षों की।

छह

वृक्ष स्मृतियाँ हैं।
होगा भला कौन नहीं
टँका हो वृक्ष एक कोई
या कई-कई
स्मृति में जिसकी।
बचपन के,
कुछ किशोर यादों के,
चढ़ती तरुणाई के,
अलग-अलग वृक्ष हैं।
प्रौढ़ स्मृतियों के,
खासे सयाने कुछ,

अपने स्पर्श से
छू जाते रोंओं को
भले कहीं दूर-दूर
बसते हों, या फिर हों ओझल।
या कि फिर हों ही नहीं
मौजूद–
उनका वजूद, पर, रहता है।

सात
लगती जब जंगल में आग
(तब) पत्तियाँ, टहनियाँ
सब
लपटें बन जाती हैं।
टूट-टूट पड़ती हैं डालियाँ।
काली हो उठती है
वह जमीन जिस पर थी
छाया किसी वृक्ष की।
फटती चिनगारियाँ
चूती हैं
शाख की आँख से राख।

आठ
आते हैं उन्हें ले कुल्हाड़ियाँ,
काटने,
धरती की निष्ठुरतम दागों से
दागने : लोग जिन्हें वृक्षों से
मिलती थी छाँह।
राह थी जिनकी

शीतल, सँवारी हुई
हरी-भरी!
अरे, उन्हें सुन ही नहीं पड़ती,
अब कोई कराह!

नौ

मौनी हैं पेड़।
पर, सुख उनके कोई भी
सकता है गिन!
धारे हुए घोंसले,
तारों से भरे आसमान में,
अविचल वे मुद्रित—
छू रश्मियाँ, चिड़ियों के
सहलाकर पंख!

दस

उनसे ही जुड़ी हैं तितलियाँ—
कई प्रकार की!
गुँजार भौंरों की!
फूल और काँटों
से बिंधे हुए,
चिन्ता है सिर्फ़ उन्हें औरों की!

ग्यारह

पशु उनके तनों से
पीठ खुजलाते हैं।
दौड़ती गिलहरियाँ
डालों पर।

टपक-टपक पड़ते हैं फल।
चींटियाँ बना लेतीं घर।
टीले मैदान शिखर,
शहरों की सड़कों पर
वृक्ष!
झरते हुए पत्ते; और
पत्ते कुछ उगते हुए
बहुत मुलायम—
ज़्यादा या कम!
हिला-हिला बाँहें
वे ही सचमुच,
और सरल कर देते
दुर्गम कठिन राहें!

बारह

उनके हैं कई-कई नाम!
कई प्रजातियाँ।
शीर्षक भी कई हैं
वृक्ष तरु रूख...
ये भी मुझे प्रिय हैं,
ये शीर्षक!
कभी नहीं पाएँ
ये सूख!

यात्री

उत्तर का मैं
दक्षिण जाता हूँ
जाता हूँ पूर्व
जाता हूँ पश्चिम मैं
उत्तर पूर्व
जाता।
घूम-घूम आता हूँ
उत्तर को
उत्तर का मैं।
पूर्व से जाता हूँ
मैं दक्षिण पूर्व।
देख-देख आता हूँ नदियों को
धरा वनस्पतियों में
सदियों को

पर्वत पहाड़ियाँ
नावों में बैठता
उतरता और चढ़ता
मैं गाड़ियाँ।

उत्तर का मैं
उत्तर पाता हूँ—
कितना कुछ शेष
अभी देखना
        देख ना!
        देख ना!!

दिन दिन हैं

(बड़ी बहन चन्द्रकान्ता अवस्थी की स्मृति में)

दिन दिन हैं
उनके गुणनफल का लाभ नहीं
वैसे भी हर पल का सम्भव हिसाब नहीं
हर दिन की अपनी चिन्ताएँ हैं,
प्रेम राग हर्ष सुख दुःख की
कथाएँ हैं।
हर दिन के प्रसंग भी अपने हैं।
अपनी स्मृतियाँ हैं।
दृश्य और सपने हैं।
उनकी कोई सीवन सिली नहीं जा सकती
उनकी सारी छुवन जल्दी से किसी भी
गणित में सकती समा नहीं।

दिन दिन हैं।
उनके हैं अपने फूल-पत्तियाँ
अपनी हैं चिड़ियाँ तितलियाँ
अपना एक विविधवर्णी गगन है
अपना एक पवन है
अपने हैं चेहरे हर पल के
उनकी मुद्राएँ भी अलग हैं

हाँ, इतना मान लिया जा सकता
फिर भी, वे उनके जिनके हैं उनसे न विलग हैं।

हाँ, प्रसंग दिन पल के रहते हैं
प्रथम प्रेम-सी कोई कथा वह कहते हैं
वही प्रसंग सबके ही संग चले आते हैं
वर्षा के शीत के ग्रीष्म के शरद के
वे दिन भी हमें अलग ही तरह से
याद आते हैं–

हर दिन पर रिश्तों की छाया है
हर पल पर।
उनकी एक काया है।
वह भी न बँधती है दिनों के हिसाब से
किसी सुवास-सी
ही वह बसी रहती।

बस उसी सुवास की छाया में
रहते आते चले,
जीवन भर।
दिन अनन्त हैं हमारे।
दिनों का कोई अन्तिम हिसाब
स्वयं रख सकते नहीं।–

हम हैं दिनों की धारा के बीच
नहीं है हम दिनों की कारा के बीच

दिन दिन हैं
अनन्त हैं।

सुनयना फिर यह न कहना

सुनयना, फिर यह न कहना कि
कहा नहीं (था) मैंने
जीवन यह बीत रहा।
पर, यह भी भला कुछ कहना है–
यही पढ़ा आँखों में तुम्हारी सुनयना जब
उन्हें फेर हल्का-सा मेरी ओर
देखा भर तुमने!

पर, कहना तो है
जानते हुए कि जीवन यह जारी है,
रीता नहीं है–
कहना तो है
लेते हुए भेद तुम्हारी आँखों का
और अपने कहने का–
सुनयना।

(डब्ल्यू.बी. येट्स से प्रेरित)

नहर के किनारे है मेरा घर

चलता हूँ नहर के किनारे-किनारे
जाने के लिए बाज़ार
टहलने के लिए
सूर्योदय के वक़्त
(कभी सूर्यास्त के समय)
नहर के किनारे है मेरा घर!
पानी पर गिरती हैं सूर्य किरणें
चमकाती हैं धूल भरी वनस्पतियाँ।
नहर के किनारे का कुछ कूड़ा करकट
झलका जाता मानो एक
दैनन्दिन दर्पण!
(काग़ज़ के टुकड़े, कपड़ों के भी,
ढक्कन बोतलों के, कोई टूटी
हुई चप्पल, कंघी, या ऐसी ही
कोई चीज़!)
नहर के किनारे है मेरा घर।

इसी से आते हैं कभी मित्र
परिजन, रात के अँधेरे को
चीरते रोशनियों से—

वाहनों की, कभी धारे हुए टॉर्च!
कभी अँधेरे में बिल्कुल,
जैसे कि मैं भी।
गुज़र जाती हैं साइकिलें,
मोटर बाइकें, कभी-कभी कारें।
(अभी नहीं बसी हैं इस
इलाके की अधबनी बस्तियाँ
पूरी तरह!)
चमकते हैं तारे।
और चाँद चलता है साथ।
डराते हैं लोग–
जमाना है बुरा
रात को अँधेरी हो जाती
हैं कहीं-कहीं सड़क
कितनी!
(दूर की रोशनियाँ रहती हैं दूर ही)
रहता है अगले दिन का इन्तजार
नहर के किनारे-किनारे चल पड़ने का।
संग चलती है थोड़ी-सी धूल।
दिखता है कोई जंगली फूल।
तितली कोई।
याद आती है कभी किसी पल की,
कभी किसी दिन की हलचल की।
कभी किसी चेहरे की,
जिसे गया था भूल।
चलता हूँ नहर के किनारे-किनारे,
बहते हुए पानी में
बहे जाते उतराते

दिनों के साथ!
नहर के किनारे है मेरा घर।
जहाँ से दिखती है दुनिया
सुदूर नक्षत्रों की अदृश्य!
अपने ही पैरों की आवाज़
पड़ती है सुनाई!
बहुत कुछ के साथ
चलते जाने की!
चिड़ियाँ पड़ती हैं दिखाई
उड़ती हुई
उड़ती हुई
वापस आतीं, चक्कर लगातीं।

चलता हूँ नहर के
किनारे
किनारे
नहर के किनारे है मेरा घर।

जूते का फीता

कब कितनी बार खुला,
बाँधा गया,
जूते का फीता,
याद नहीं।

अब भी खुल पड़ता जब
उछल उछल जूते में फँसा
और चलता अलग से–
झुककर या देख कहीं कोई
ऐसी जगह, पैर को टिका लें
जहाँ ठीक से, रुककर फिर
उसे कस लेता हूँ–

कभी-कभी लेकिन क्षणांश में,
हाथ वे याद आ जाते हैं,
मौसी, माँ, मामी और दीदी के
बुआ के, भाई के, पिता के
बचपन में रहते जो
तत्पर थे फीता कस देने को,

आँखों में जल-सा कुछ
सहज तैर आता है–
भूलकर फीते को, उस जल में
तिरती हुई छवियों को
लगता हूँ देखने–
धुँधली कुछ गड्डमड्ड
निश्चय ही लेकिन
जिन्हें कभी इन आँखों ने
देखा था साफ़-साफ़,
प्रेम से, उन पर कुछ खुद भी
झुकी हुईं।

चलती है हवा रात-भर जिस रात

चलती है हवा रात-भर
जिस रात
खिड़कियाँ सोती नहीं।

जंगल उतर आते हैं पेड़ों पर।
करती हैं पीछा आवाज़ें, आवाज़ों का—
रात की।

चलती है हवा रात-भर
जिस रात।

उठ-उठकर बैठ जाती है घास,
देखती अँधेरे को।

चिट्ठियाँ फटी हुईं,
घूमती हैं मकान-दर-मकान।

सन्दूकें खुलती हैं धरती की
भूली हुई चीज़ों की।
चलती है हवा रात-भर

जिस रात।

ओढ़ी हुई चादर
रोज़ की
छोटी पड़ जाती है।

चलती है हवा रात-भर,
जिस रात।

अब मैं नहीं रहा अजनबी

झूल रही है लड़की
झूले पर सात बरस की
छह की या आठ की
झूल रही है लड़की
झूले पर शाम को।
मुझे देख कहती–
'झुलाओ मुझे' और
ज़ोर से।

बैठे हैं दूर माता-पिता–
पार्क में।
'मुझे झुलाओ'
कहती है लड़की–
झुलाता हूँ।
बैठ जाता खुद भी
बगल के झूले पर
'नहीं, नहीं बैठो तुम मत,
बड़े हो गये हो तुम
टूट जाएगा झूला!'
'मुझे झुलाओ' कहती है

लड़की एक–
मुझसे दूर देश में
पूरे अधिकार से।
अब मैं नहीं रहा
अजनबी!

दूसरे शहर से

दूसरे शहर से आया है वह–
रास्ता पार कर रहा है,
उसके हाथों में सामान है,
एक हड़बड़ाहट।

नहीं, वह इस शहर का नहीं
हो सकता।
लो उसने रास्ता पार किया
जेब से एक काग़ज़ निकाला
और अब फिर पूछ रहा है रास्ता,
एक रास्ता पार करने के बाद!

किसी ट्रेन या बस से आया है वह
जो हमारे शहर तक आती है।
पीछे छोड़कर पत्नी-बच्चे
या घर में कौन-कौन!
आया है वह!
अब ओझल हो रहा है मेरी नज़रों से।

ठिठका रास्ते में मैं

ठहरा मैं थोड़ी देर के लिए,
देख रहा हूँ अपने शहर को!

रास्ता पार कर रहा है वह
फिर शायद कहीं,
दिखा देने के बाद मुझे मेरा
अपना शहर!

सबसे पिछली क़तार का आदमी

सोचता है सबसे पिछली क़तार
का आदमी,
सारी अगली क़तारों के बारे में।

कहता नहीं,
सोचता है–
हम सब हो सकते थे
एक ही क़तार में–
बस आदमी!

तब वहाँ आँधी आयी

मैं बैठा था वहाँ
बैठता था जहाँ सालों पहले
साथ दोस्तों के।

अकेला था उस समय।

पेड़ हिलते थे हवा से।
आ गये थे बादल।
सबकुछ था एक छाया छत के नीचे।
चिड़ियाँ बोलती थीं।
घास हरी थी।

हवा छितराती थी बालों को।
आँखों में झोंकती थी थोड़ी-सी धूल।

स्मृतियाँ उड़ती थीं
छितरे हुए पन्नों की तरह।

समेटते-समेटते बदहवास
था मैं।

तब वहाँ आँधी आयी।
आकाश कुछ और काला हुआ।
बूँदें गिरीं।

सबकुछ हुआ कितना
घना जो था
भीतर और बाहर छितराया हुआ।

आया था कल रात भूकम्प

आया था कल रात भूकम्प
हिलने लगे थे खिड़की-दरवाजे
थोड़ी देर के लिए।
निकलकर बाहर आ
गया था मैं
तारों के बहुत पास।
छोड़ रही थी साथ धरती।

फिर स्थिर हुए
तारे, धरती और मैं,
देखा जैसे पहली बार
अपने को
धरती और तारों के बीच
खड़े।

जाना जैसे पहली बार
मतलब
यहाँ होने का!

पगडंडी

(चित्रकार परमजीत सिंह के लिए)

जाती पगडंडी यह वन को,
खींच लिये जाती है मन को,
शुभ्र-धवल, कुछ-कुछ मटमैली,
अपने में सिमटी, पर, फैली

चली गयी है खोई-खोई
पत्तों की मह-मह से धोई,
फूलों के रंगों में छिप कर,
कहीं दूर जाकर यह सोई!

उदित चन्द्र, बादल भी छाए।
किरणों के रथ के रथ आये।
पर, यह तो अपने में खोई,
कहीं दूर जाकर है जागी,
कहीं दूर जाकर है सोई॥

हरी घनी कोई वनखंडी,
उस तक चली गयी पगडंडी।

दर्पणों की दुनिया

दर्पण जाने कितने दुनिया में।

कुछ उजले, कुछ धुँधले-मटमैले
कुछ इतने चमकीले
देख जिन्हें अचरज हो।
भवनों के। अँधियारे कमरों के।
कुटिया के।
दर्पण ही दर्पण हैं।
कई प्रकार के।
आदमकद। कुछ उनसे ऊँचे भी।
कुछ इतने नन्हे से
जेब में समा जाते।

दुनिया दर्पणों की
है सचमुच बहुत बड़ी।
कुछ टुकड़े-टुकड़े हो।
धूल में पड़े रहते।

सच है यह, दर्पण को
आता नहीं भेदभाव,

जो भी हो सामने
अपने को वह स्थिर
रखता है।
बिक कर भी कभी नहीं
बिकता वह।
जब तक कि कैद उसे
किसी बन्द कमरे की
कुछ ऐसी मिल जाए,
जहाँ कभी कोई आए
जाए नहीं।

दर्पण के लिए वही
बुरे दिन होते हैं,
धुँधले-मटमैले हो
जाने से ज्यादा बुरे।

घास का गट्ठर

छोटा या बड़ा हो सकता यह
पड़ता अचानक दीख
चलता चला आता
भेदकर
झुटपुटा।

पहले यह दिखता है
फिर दिखती आकृति वह
स्त्री या पुरुष की।

कभी-कभी कोई किशोर भी
इसे उठाता है।

वर्षा के बाद जब घासें कुछ
लम्बी कुछ चौड़ी हो जाती हैं
और अधिक
यह भी फैल जाता है।

कभी-कभी दो के संग
बैठ सुस्ताता है।

कब से चला आता
मानुष की पीठ पर
पशुधन का चारा।

बस्ती के आसपास होने
की सूचना।

कसा हुआ बँधा है
बहुत कुछ
इसमें।

कितना बजा है?

कितना बजा है?
पूछता है कोई
जब-तब–

बरसों से
सदियों से
यहाँ-वहाँ
अस्पताल स्टेशन
बाज़ार में
घर में
होटल में।
सड़क पर।
यात्रा में।

चार-पाँच पौने छह
आठ नौ
साढ़े नौ
सवा दस
ग्यारह
बारह–

इसी तरह
मिलता है
उत्तर–
दिन में रात में।

डेढ़ सवा
खंडों में,
मिनटों में
कभी नहीं
लेकिन सेकिंडों में–

वक्त बीता जाता है।

खाना-पीना-सोना
चलना थकना
लिखना
पढ़ना
जीना
रुकना
सीना पिरोना सब
चलता ही रहता है–
रुकता कुछ भी नहीं,
प्रेम और लड़ना-झगड़ना।

पर जब-तब है
पूछता कोई,
कितना बजा है?

बेचैन हो।

❑❑